AF221651

Impressum
Verlag: BABADADA GmbH, Nedderfeld 112 , 22529 Hamburg
Geschäftsführer / Verlagsleitung: Harald Hof
Druck: Books on Demand GmbH, In de Tarpen 42, 22848 Norderstedt

Imprint
Publisher: BABADADA GmbH, Nedderfeld 112 , 22529 Hamburg, Germany
Managing Director / Publishing direction: Harald Hof
Print: Books on Demand GmbH, In de Tarpen 42, 22848 Norderstedt, Germany

iskola

escuela

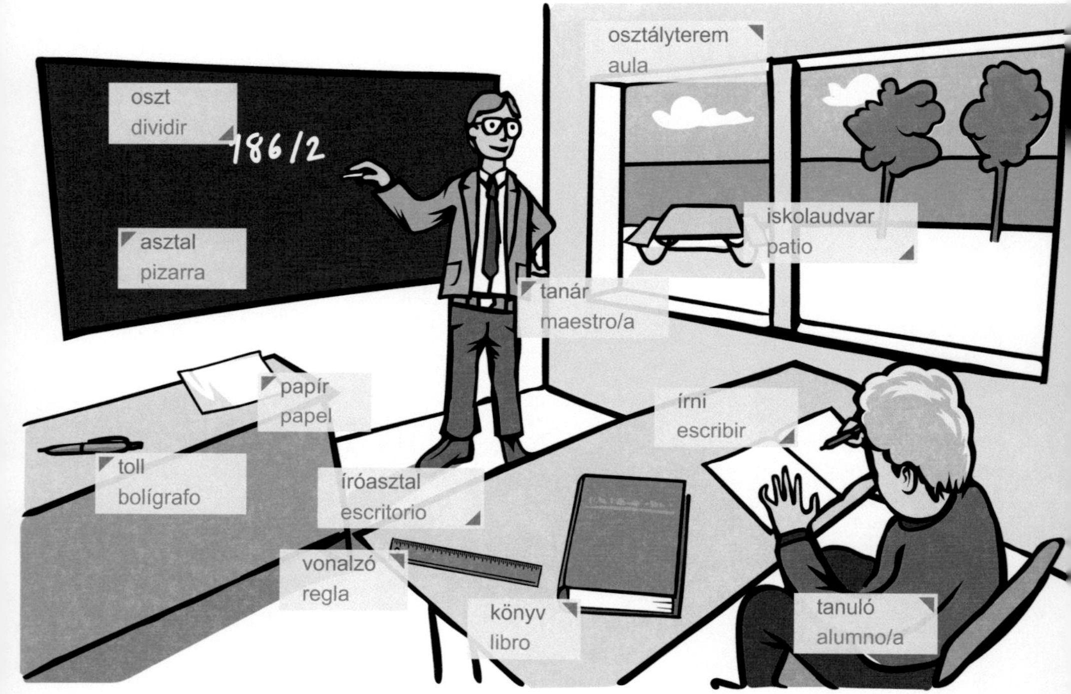
osztályterem
aula
oszt
dividir
186/2
asztal
pizarra
iskolaudvar
patio
tanár
maestro/a
papír
papel
írni
escribir
toll
bolígrafo
íróasztal
escritorio
vonalzó
regla
könyv
libro
tanuló
alumno/a

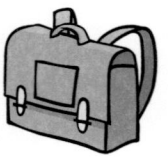

iskolatáska

cartera

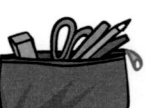

tolltartó

caja de lápices

ceruza

lápiz

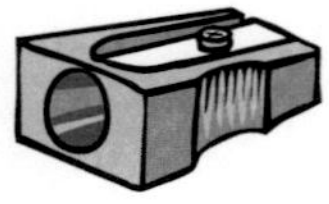

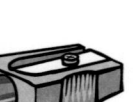

ceruzahegyező

sacapuntas

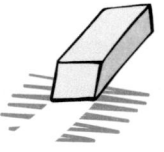

radír

goma de borrar

rajzfüzet

cuaderno de dibujo

rajz

dibujo

ecset

pincel

festőkészlet

caja de pinturas

olló

tijeras

ragasztó

pegamento

munkafüzet

cuaderno de ejercicios

házi feladat

deberes

szám

número

összead

sumar

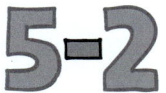

kivon

restar

szoroz

multiplicar

számol

calcular

betű

letra

ABC

alfabeto

szó

palabra

szöveg

texto

olvasni

leer

kréta

tiza

tanóra

lección

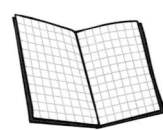

napló

cuaderno de notas

vizsga

examen

bizonyítvány

certificado

iskolai egyenruha

uniforme escolar

oktatás

educación

enciklopédia

enciclopedia

egyetem

universidad

mikroszkóp

microscopio

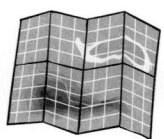

térkép

mapa

papír-hulladék gyűjtő

papelera

utazás
viaje

hotel
hotel
Grand
szállás
albergue
ROOMS
EXCHANGE
valutaváltó iroda
oficina de cambio de divisas
bőrönd
maleta
autó
coche

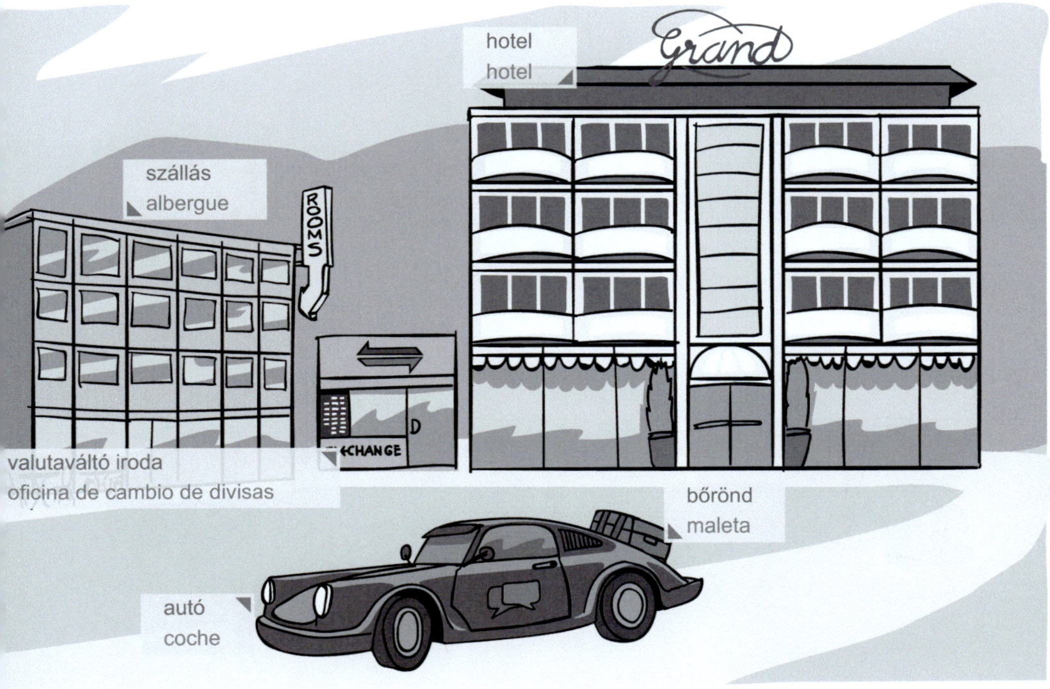

nyelv
idioma

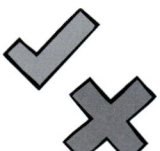

igen/nem
sí / no

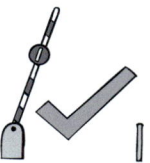

rendben
Vale

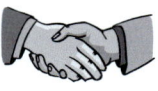

szia
hola

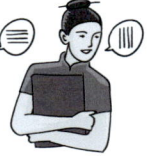

fordító
traductor

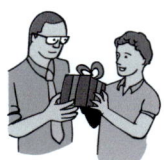

köszönöm
Gracias

mennyibe kerül…?

¿cuánto es…?

nem értem

No entiendo

probléma

problema

Jó estét!

¡Buenas tardes!

jó reggelt!

¡Buenos días!

jó éjszakát!

¡Buenas noches!

viszontlátásra

adiós

útirány

dirección

poggyász

equipaje

táska

bolsa

hátizsák

mochila

vendég

invitado

szoba

habitación

hálózsák

saco de dormir

sátor

tienda de campaña

turista információ

información turística

strand

playa

hitelkártya

tarjeta de crédito

reggeli

desayuno

ebéd

almuerzo

vacsora

cena

jegy

billete

lift

ascensor

bélyeg

sello

határ

frontera

vám

aduana

nagykövetség

embajada

vízum

visa

útlevél

pasaporte

közlekedés
transporte

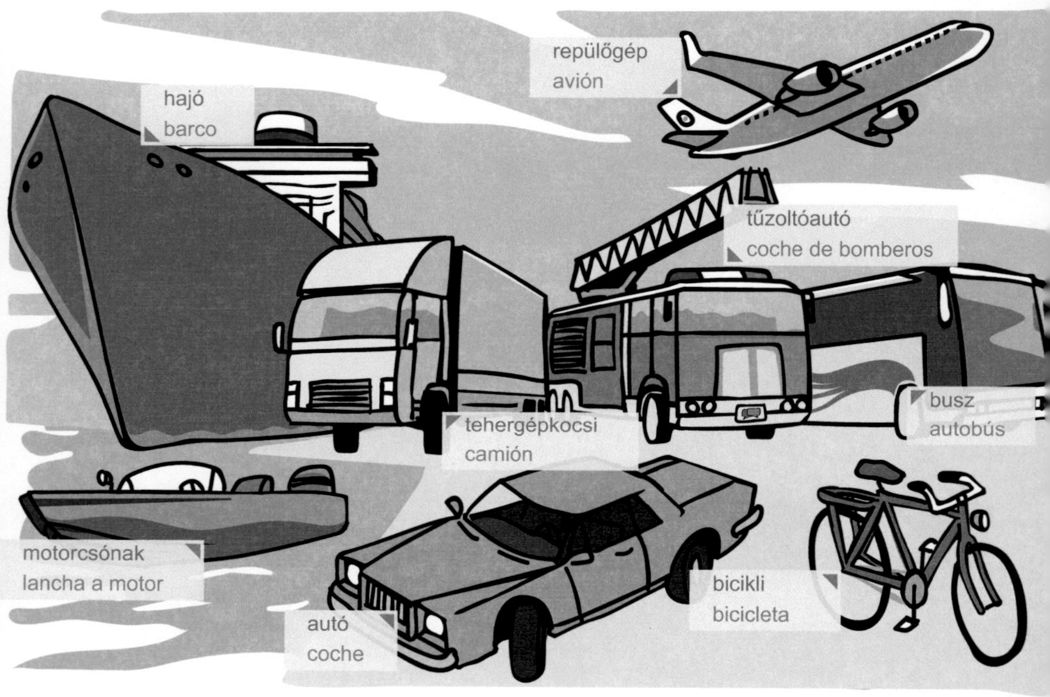
repülőgép
avión
hajó
barco
tűzoltóautó
coche de bomberos
busz
autobús
tehergépkocsi
camión
motorcsónak
lancha a motor
bicikli
bicicleta
autó
coche

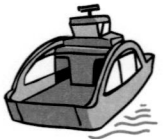

komp

transbordador

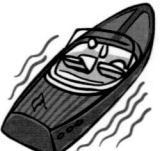

csónak

barca

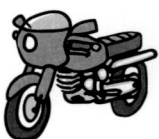

motorkerékpár

moto

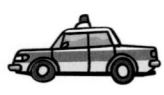

rendőrautó

coche de policía

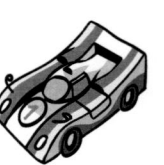

versenyautó

coche de carreras

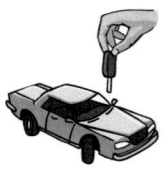

bérautó

coche de alquiler

telekocsi

préstamo de vehículos

vontató

grúa

szemetes autó

camión de la basura

motor

motor

üzemanyag

gasolina

benzinkút

gasolinera

közlekedési tábla

señal de tráfico

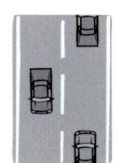

forgalom

tráfico

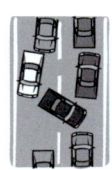

forgalmi dugó

atasco

parkoló

aparcamiento

vonatállomás

estación de tren

sínek

vías

vonat

tren

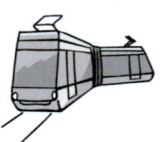

villamos

tranvía

vagon

vagón

helikopter

helicóptero

repülőtér

aeropuerto

torony

torre

utas

pasajero

konténer

contenedor

kartondoboz

caja de cartón

taliga

carretilla

kosár

cesta

felszáll / leszáll

despegar / aterrizar

város
ciudad

falu

pueblo

városközpont

centro de ciudad

ház

casa

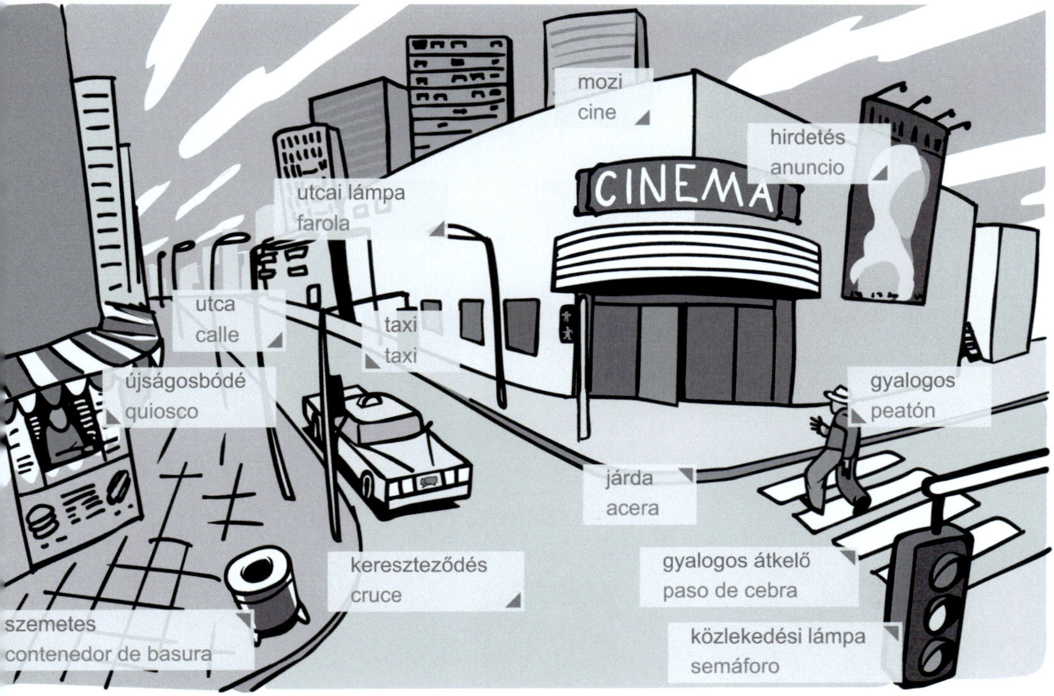
mozi
cine
hirdetés
anuncio
CINEMA
utcai lámpa
farola
utca
calle
taxi
taxi
újságosbódé
quiosco
gyalogos
peatón
járda
acera
kereszteződés
cruce
gyalogos átkelő
paso de cebra
szemetes
contenedor de basura
közlekedési lámpa
semáforo

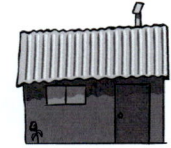

kunyhó

cabaña

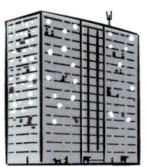

lakás

apartamento

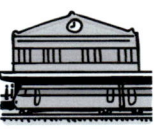

vonatállomás

estación de tren

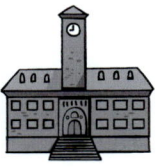

városháza

ayuntamiento

MUSEUM

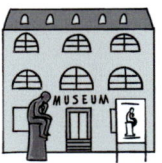

múzeum

museo

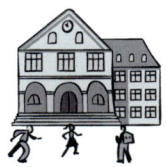

iskola

escuela

egyetem

universidad

bank

banco

kórház

hospital

hotel

hotel

gyógyszertár

farmacia

iroda

oficina

könyvesbolt

librería

üzlet

tienda

virágüzlet

floristería

szupermarket

supermercado

piac

mercado

áruház

grandes almacenes

halárus

pescadería

bevásárló központ

centro comercial

kikötő

puerto

park

parque

pad

banco

híd

puente

lépcső

escaleras

metró

metro

alagút

túnel

buszmegálló

parada de autobús

bár

bar

étterem

restaurante

postaláda

buzón

utcatábla

poste indicador

parkoló óra

parquímetro

állatkert

zoo

uszoda

piscina

mecset

mezquita

gazdálkodás
granja

környezetszennyezés
contaminación

temető
cementerio

templom
iglesia

játszótér
patio de juego

szentély
templo

táj
paisaje

levél
hoja

útjelző tábla
señal

út
camino

rét
prado

kő
piedra

túrázó
excursionista

fa
árbol

folyó
río

fű
hierba

virág
flor

völgy

valle

domb

colina

tó

lago

erdő

bosque

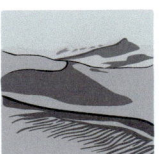

sivatag

desierto

vulkán

volcán

kastély

castillo

szivárvány

arcoíris

gomba

champiñón

pálmafa

palmera

szúnyog

mosquito

légy

mosca

hangya

hormiga

méhecske

abeja

pók

araña

táj - paisaje

bogár

escarabajo

béka

rana

mókus

ardilla

sündisznó

erizo

nyúl

liebre

bagoly

lechuza

madár

pájaro

hattyú

cisne

vaddisznó

jabalí

szarvas

ciervo

rénszarvas

alce

gát

presa

szélturbina

turbina eólica

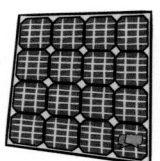

napelem

panel solar

éghajlat

clima

étterem
restaurante

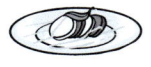

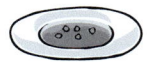

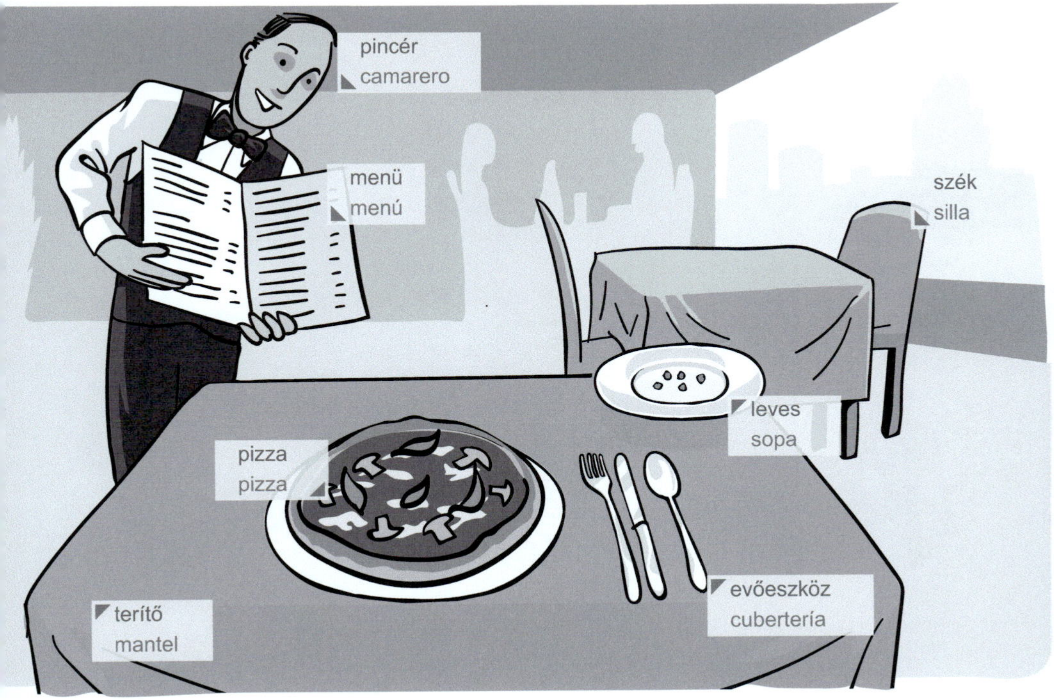
pincér
camarero
menü
menú
szék
silla
leves
sopa
pizza
pizza
evőeszköz
cubertería
terítő
mantel

előétel

primer plato

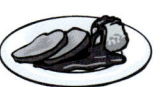

főétel

plato principal

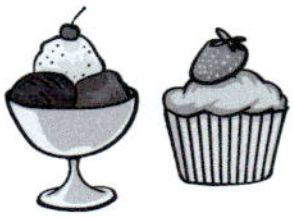

desszert

postre

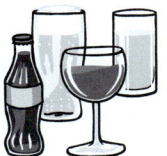

italok

bebidas

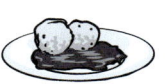

étel

comida

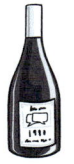

üveg

botella

gyorsétel

comida rápida

gyorsétel

comida callejera

teás kanna

tetera

cukortartó

azucarero

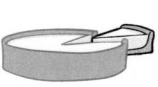

adag

porción

eszpresszógép

cafetera expreso

bárszék

trona

számla

cuenta

tálca

bandeja

kés

cuchillo

villa

tenedor

kanál

cuchara

teáskanál

cucharilla

szalvéta

servilleta

pohár

vaso

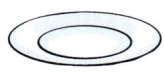

tányér

plato

leveses tányér

plato hondo

csészealj

platillo

szósz

salsa

sószóró

salero

borsőrlő

molinillo de pimienta

ecet

vinagre

étkezési olaj

aceite

fűszerek

especias

ketchup

ketchup

mustár

mostaza

majonéz

mayonesa

szupermarket
supermercado

különleges ajánlat
oferta especial
FOR
ügyfél
cliente
tejtermék
lácteos
gyümölcsök
fruta
bevásárló kocsi
carro de la compra

BUTCHERS

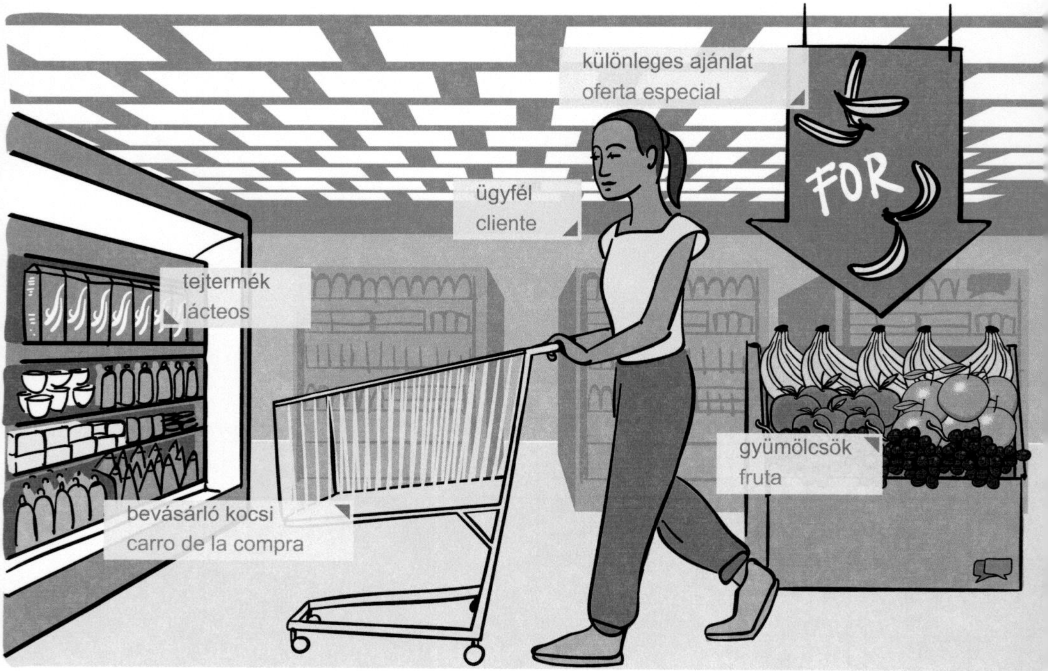

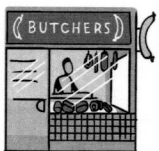

hentes

carnicería

BAKERY

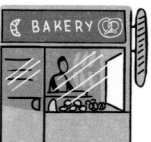

pékség

panadería

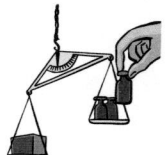

nyom valamennyit

pesar

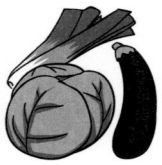

zöldség

verduras

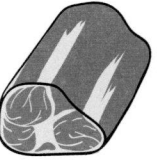

hús

carne

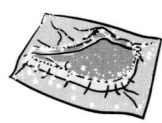

fagyasztott áru

alimentos congelados

felvágott

fiambres

konzerv

conservas

mosópor

detergente en polvo

édességek

dulces

háztartási termék

productos de uso doméstico

tisztítószerek

productos de limpieza

eladó

vendedora

pénztárgép

caja

eladó

cajero

bevásárló lista

lista de la compra

nyitva tartás

horario de atención al público

levéltárca

cartera

hitelkártya

tarjeta de crédito

zacskó

bolsa

műanyag zacskó

bolsa de plástico

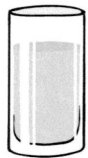

víz
agua

gyümölcslé
zumo

tej
leche

kóla
cola

bor
vino

sör
cerveza

alkohol
alcohol

kakaó
cacao

tea
té

kávé
café

eszpresszó
expreso

kapucsínó
capuchino

banán

plátano

alma

manzana

narancs

naranja

sárgadinnye

melón

citrom

limón

sárgarépa

zanahoria

fokhagyma

ajo

bambusz

bambú

hagyma

cebolla

gomba

champiñón

magvak

avellanas

nokedli

fideos

spagetti

espagueti

rizs

arroz

saláta

ensalada

sült krumpli

patatas fritas

sült burgonya

patatas fritas

pizza

pizza

hamburger

hamburguesa

szendvics

sándwich

hússzelet

filete

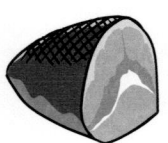

sonka

jamón

szalámi

salami

kolbász

salchicha

csirke

pollo

pecsenye

asado

hal

pescado

zabkása

copos de avena

müzli

muesli

kukoricapehely

copos de maíz

liszt

harina

croissant

cruasán

zsemle

panecillo

kenyér

pan

pirítós kenyér

tostada

keksz

galletas

vaj

mantequilla

túró

cuajada

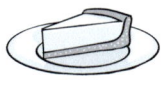

sütemény

pastel

tojás

huevo

tükörtojás

huevo frito

sajt

queso

jégkrém

helado

cukor

azúcar

méz

miel

lekvár

mermelada

mogyorókrém

crema de turrón

curry

curry

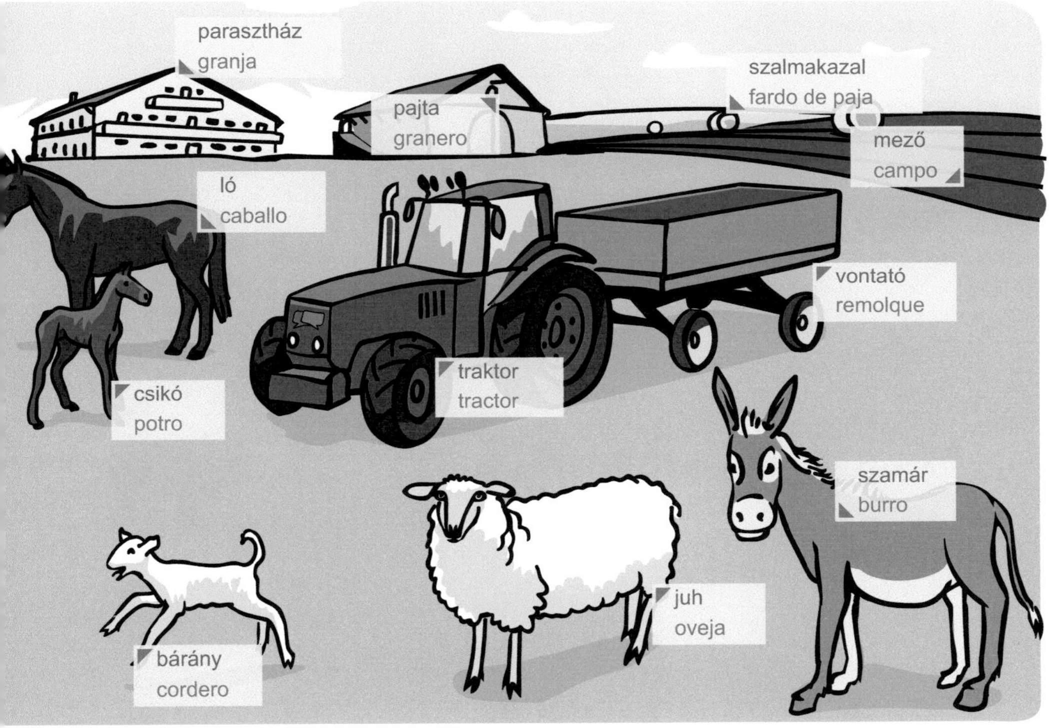

parasztház
granja

szalmakazal
fardo de paja

pajta
granero

mező
campo

ló
caballo

vontató
remolque

csikó
potro

traktor
tractor

szamár
burro

bárány
cordero

juh
oveja

kecske

cabra

tehén

vaca

borjú

ternero

malac

cerdo

kismalac

cerdito

bika

toro

liba

ganso

kacsa

pato

csibe

pollo

tojó

gallina

kakas

gallo

patkány

rata

macska

gato

egér

ratón

ökör

buey

kutya

perro

kutyaház

perrera

kerti öntözőcső

manguera

öntözőkanna

regadera

kasza

guadaña

eke

arado

sarló

hoz

kapa

azada

vasvilla

horca

fejsze

hacha

talicska

carretilla

teknő

abrevadero

tejes kancsó

lechera

zsák

saco

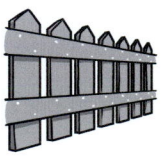

kerítés

valla

istálló

establo

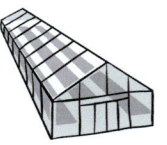

üvegház

invernadero

talaj

suelo

vetőmag

semilla

trágya

fertilizador

cséplőgép

cosechadora

szüretelni

cosechar

betakarítás

cosecha

yamgyökér

ñame

búza

trigo

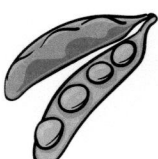

szója

soja

burgonya

patata

kukorica

maíz

repcemag

semilla de colza

gyümölcsfa

árbol frutal

manióka

mandioca

gabona

cereales

ház

casa

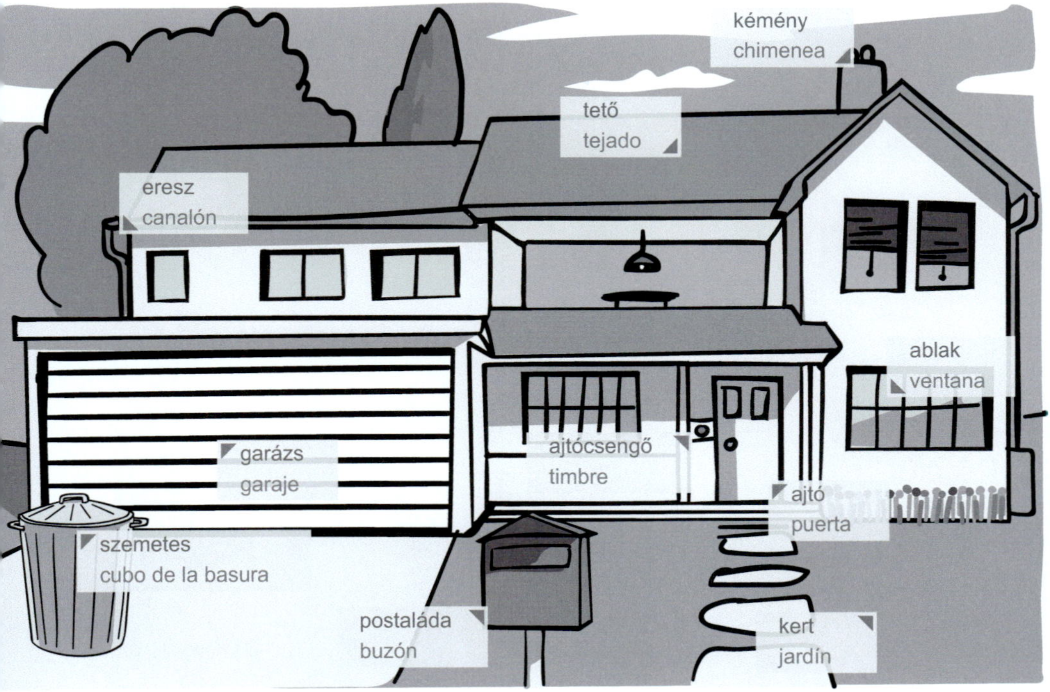

kémény
chimenea
tető
tejado
eresz
canalón
ablak
ventana
garázs
garaje
ajtócsengő
timbre
ajtó
puerta
szemetes
cubo de la basura
postaláda
buzón
kert
jardín

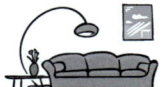

nappali

sala

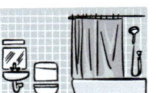

fürdőszoba

cuarto de baño

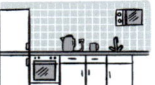

konyha

cocina

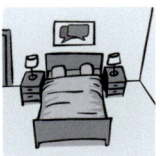

hálószoba

dormitorio

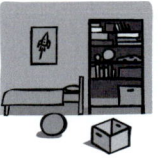

gyerekszoba

habitación de los niños

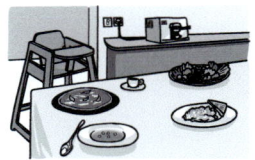

ebédlő

comedor

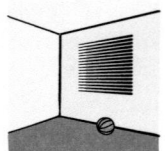

padló

suelo

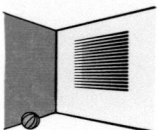

fal

pared

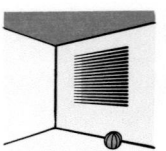

plafon

techo

pince

sótano

szauna

sauna

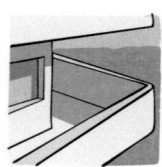

erkély

balcón

terasz

terraza

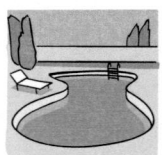

medence

piscina

fűnyíró

cortacésped

lepedő

sábana

ágytakaró

colcha

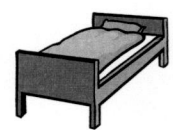

ágy

cama

seprű

escoba

vödör

balde

kapcsoló

interruptor

nappali
sala

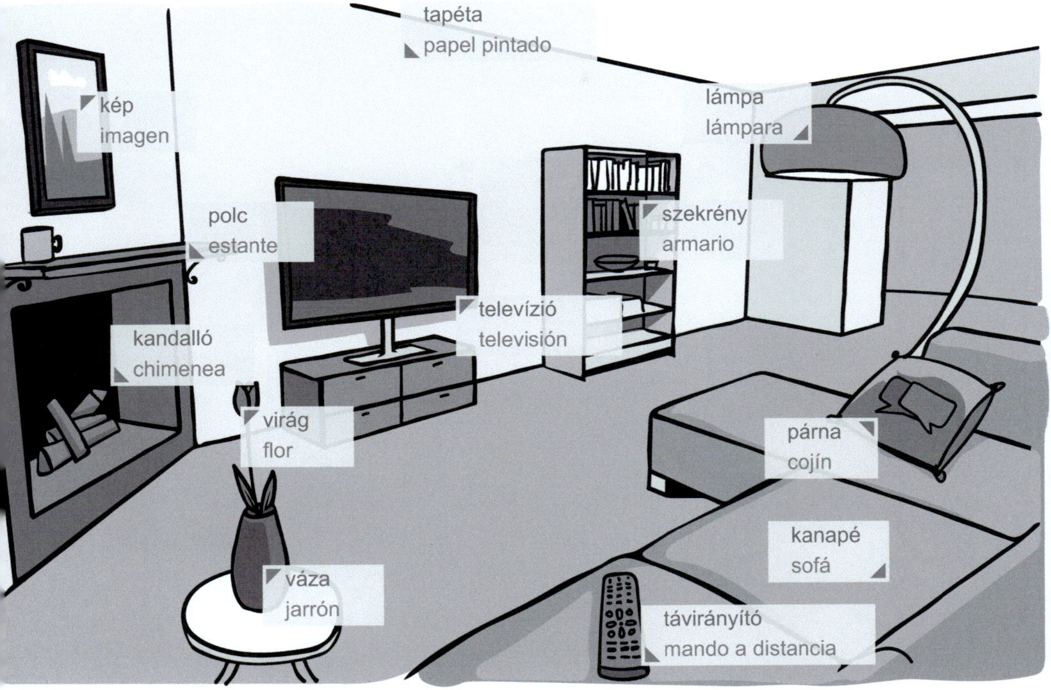
tapéta
papel pintado
kép
imagen
lámpa
lámpara
polc
estante
szekrény
armario
televízió
televisión
kandalló
chimenea
virág
flor
párna
cojín
kanapé
sofá
váza
jarrón
távirányító
mando a distancia

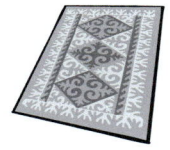

szőnyeg
alfombra

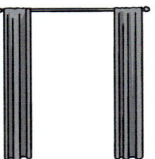

függöny
cortina

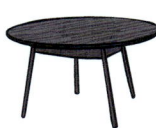

asztal
mesa

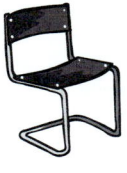

szék
silla

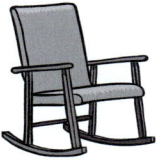

hintaszék
mecedora

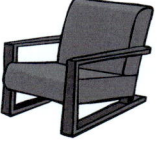

karosszék
butaca

könyv

libro

takaró

manta

dekoráció

decoración

tűzifa

leña

film

película

hifi

equipo de música

kulcs

llave

újság

periódico

festmény

pintura

poszter

póster

rádió

radio

jegyzetfüzet

cuaderno

porszívó

aspiradora

kaktusz

cactus

gyertya

vela

konyha
cocina

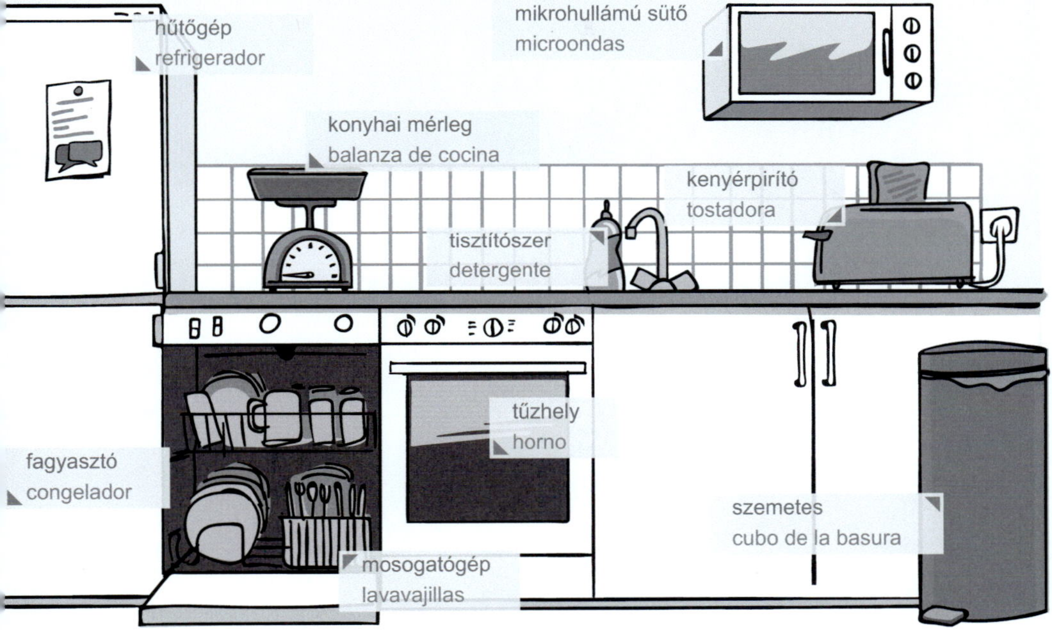
hűtőgép
refrigerador
mikrohullámú sütő
microondas
konyhai mérleg
balanza de cocina
kenyérpirító
tostadora
tisztítószer
detergente
tűzhely
horno
fagyasztó
congelador
szemetes
cubo de la basura
mosogatógép
lavavajillas

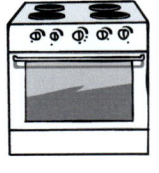

tűzhely
olla a presión

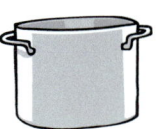

edény
olla

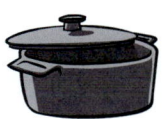

vasfazék
olla de hierro fundido

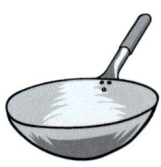

wok / kadai
wok / karahi

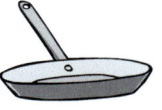

serpenyő
cazuela

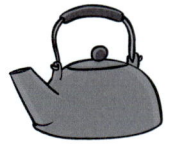

vízforraló
hervidor

páróló

vaporera

tepsi

chapa de horno

étkészlet

vajilla

bögre

taza

tálka

tazón

evőpálcika

palillos

merőkanál

cucharón

keverőlapátka

espumadera

habverő

batidor

szűrő

colador

szita

cedazo

reszelő

rallador

mozsár

mortero

grillsütő

barbacoa

kandalló

hoguera

vágódeszka

tabla de picar

sodrófa

rodillo

dugóhúzó

sacacorchos

doboz

lata

konzervnyitó

abrelatas

edényfogó

agarrador

mosogató

lavabo

kefe

cepillo

szivacs

esponja

turmixgép

batidora

mélyhűtő

congelador

cumisüveg

biberón

csap

grifo

fürdőszoba
cuarto de baño

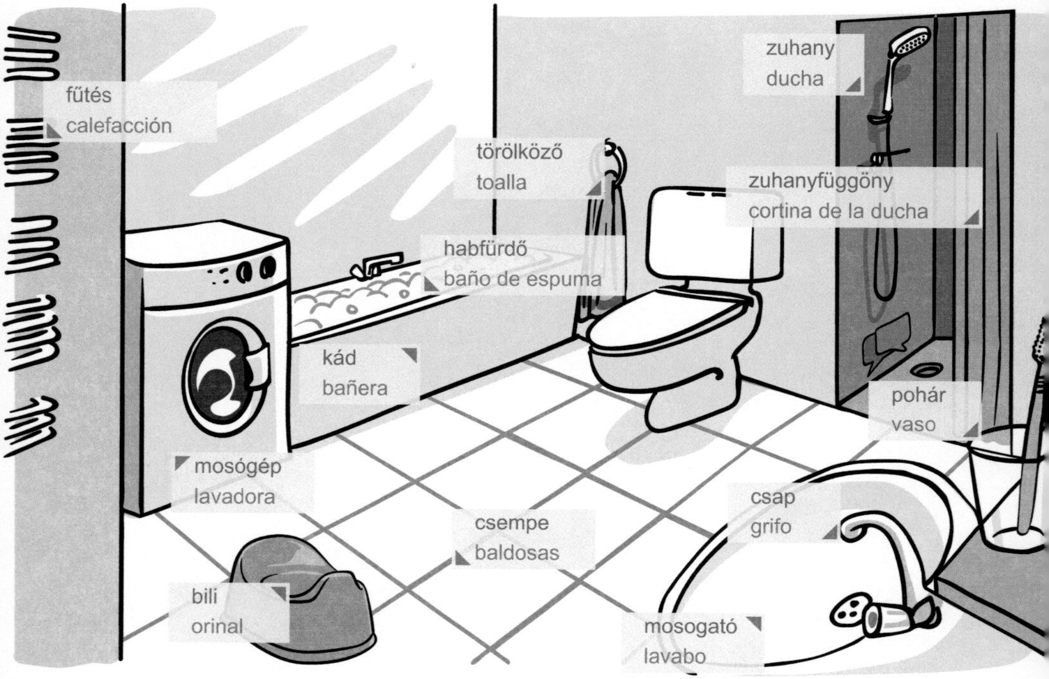
zuhany
ducha
fűtés
calefacción
törölköző
toalla
zuhanyfüggöny
cortina de la ducha
habfürdő
baño de espuma
kád
bañera
pohár
vaso
mosógép
lavadora
csap
grifo
csempe
baldosas
bili
orinal
mosogató
lavabo

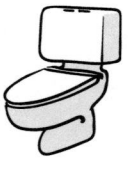

toalett

inodoro

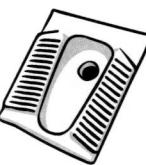

guggolós toalett

inodoro rústico

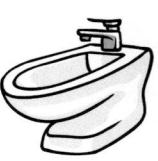

bidé

bidé

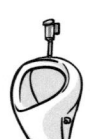

piszoár

urinario

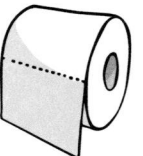

toalett papír

papel higiénico

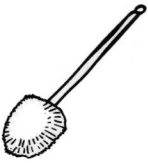

wc kefe

escobilla del váter

fogkefe

cepillo de dientes

fogkrém

pasta de dientes

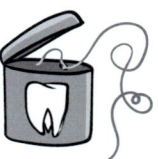

fogselyem

hilo dental

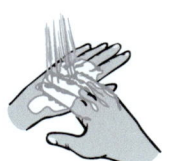

mosni

lavar

kézi zuhany

ducha de mano

intimzuhany

ducha íntima

mosdótál

pila

hátmosó kefe

cepillo de espalda

szappan

jabón

tusfürdő

gel de ducha

sampon

champú

mosdókesztyű

toallita

lefolyó

desagüe

krém

crema

dezodor

desodorante

tükör

espejo

kézitükör

espejo de tocador

borotva

maquinilla de afeitar

borotvahab

espuma de afeitar

borotválkozás utáni
arcszesz

loción postafeitado

fésű

peine

hajkefe

cepillo

hajszárító

secador

hajlakk

laca

smink

maquillaje

ajakrúzs

pintalabios

körömlakk

pintauñas

vatta

algodón

körömvágó olló

cortauñas

parfüm

perfume

neszesszer

estuche de viaje

sámli

banqueta

mérleg

balanza

köntös

albornoz

gumikesztyű

guantes de goma

tampon

tampón

egészségügyi betét

compresa

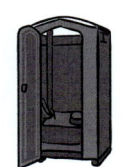

vegyi WC

inodoro químico

gyerekszoba
habitación de los niños

ébresztő óra
despertador
plüssállat
peluche
játékautó
coche de juguete
csörgő
sonajero
babaház
casa de muñecas
ajándék
regalo

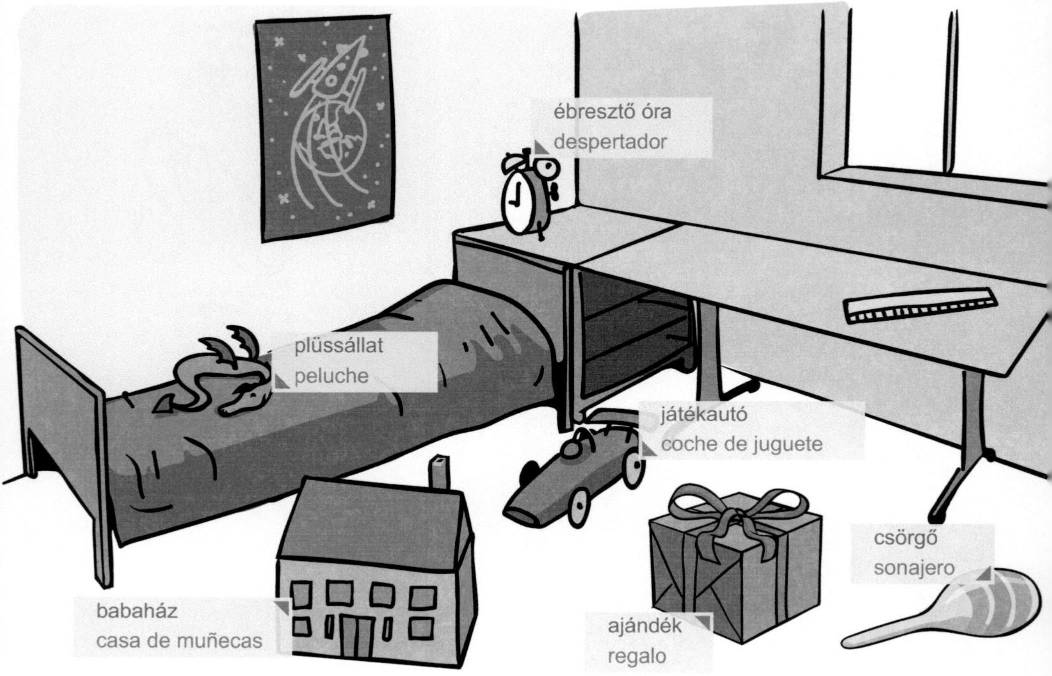

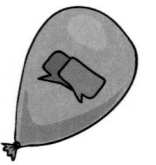

lufi

globo

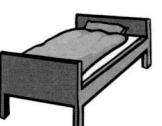

ágy

cama

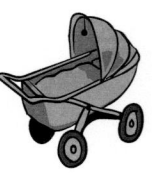

babakocsi

coche de niño

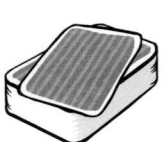

kártyapakli

naipes

kirakós játék

puzle

SUPER MEGA

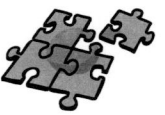

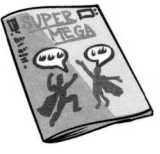

képregény

tebeo

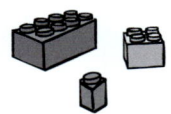

építőkockák
piezas de lego

építőelem
bloques de juguete

szuperhős
figura de acción

rugdalózó
bodi (de bebé)

frizbi
frisbee

zenélő forgó
colgador móvil para bebés

társasjáték
juego de mesa

kocka
dados

modellvasút
circuito de tren eléctrico

cumi
maniquí

zsúr
fiesta

képeskönyv
álbum de fotos

labda
pelota

baba
muñeca

játszani
jugar

homokozó

cajón de arena

hinta

columpio

játékok

juguetes

videójáték konzol

videoconsola

tricikli

triciclo

teddi maci

oso de peluche

ruhásszekrény

guardarropa

ruházat
ropa

zokni

calcetines

harisnya

medias

harisnyanadrág

leotardos

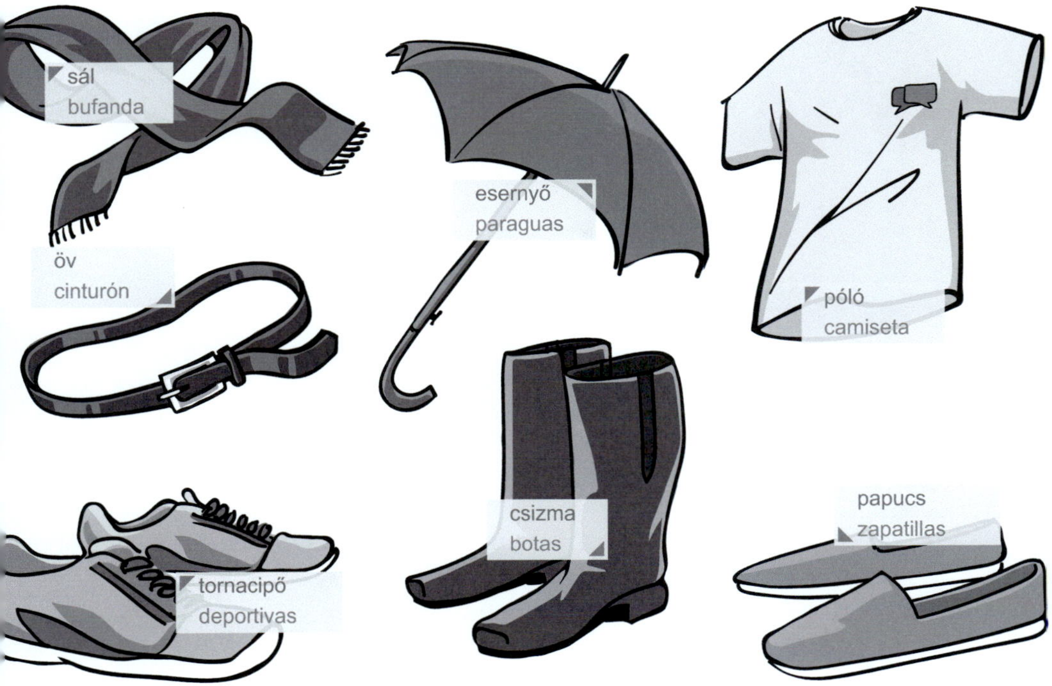

sál
bufanda

esernyő
paraguas

öv
cinturón

póló
camiseta

csizma
botas

papucs
zapatillas

tornacipő
deportivas

szandál

·······························

sandalias

cipő

·······························

zapatos

gumicsizma

·······························

botas de goma

alsónadrág

·······························

slip

melltartó

·······························

sostén

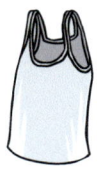

mellény

·······························

chaleco

body

bodi

nadrág

pantalones

farmer

vaqueros

szoknya

falda

blúz

blusa

ing

camisa

pulóver

jersey

kapucnis pulóver

suéter

blézer

blazer

dzseki

chaqueta

kabát

abrigo

esőkabát

gabardina

kosztüm

traje

ruha

vestido

esküvői ruha

vestido de novia

öltöny

traje

hálóing

camisón

pizsama

pijama

szári

sari

fejkendő

bandana

turbán

turbante

burka

burka

kaftán

caftán

abaya

abaya

fürdőruha

traje de baño

fürdőnadrág

bañador

rövidnadrág

pantalones cortos

tréningruha

chándal

kötény

delantal

kesztyű

guantes

gomb

botón

szemüveg

gafas

karkötő

brazalete

nyaklánc

collar

gyűrű

anillo

fülbevaló

pendiente

sapka

gorra

vállfa

percha

kalap

sombrero

nyakkendő

corbata

cipzár

cremallera

bukósisak

casco

nadrágtartó

tirantes

iskolai egyenruha

uniforme escolar

egyenruha

uniforme

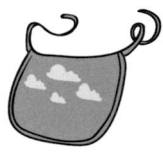

előke
babero

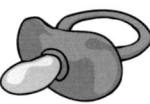

cumi
maniquí

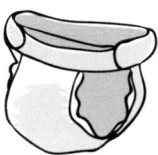

pelenka
pañal

iroda

oficina

szerver
servidor
irattartó szekrény
archivo
nyomtató
impresora
papír
papel
képernyő
monitor
egér
ratón
íróasztal
escritorio
mappa
carpeta
billentyűzet
teclado
papír-hulladék gyűjtő
papelera
számítógép
ordenador
szék
silla

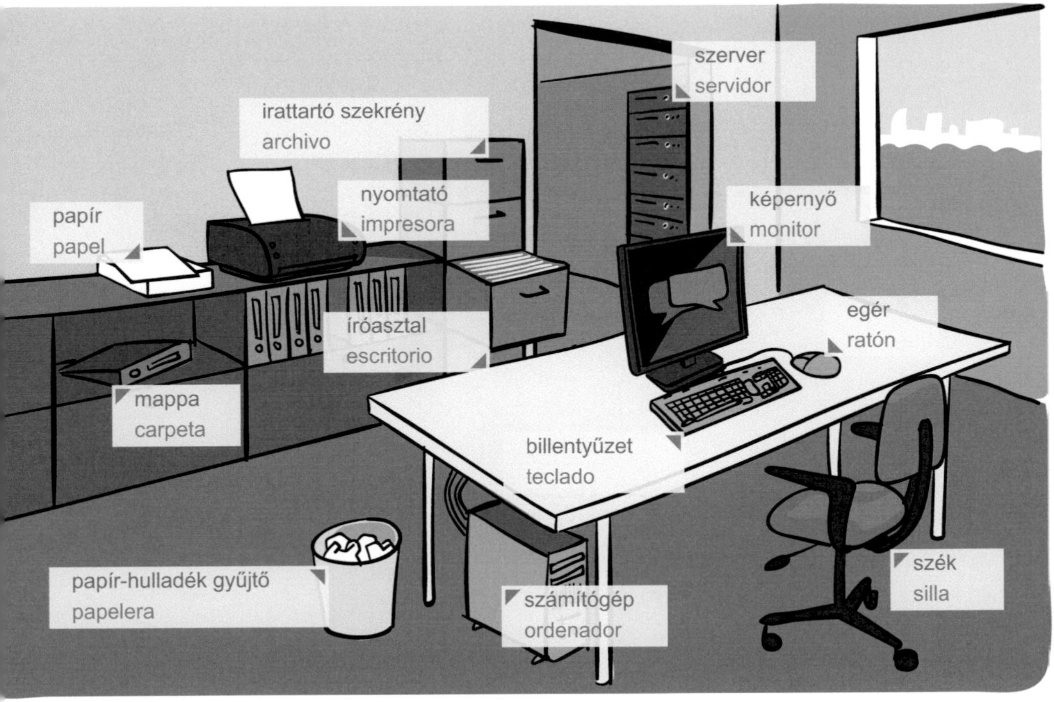

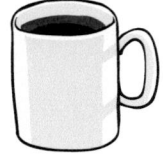

kávéscsésze
taza de café

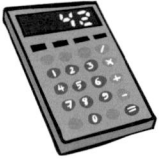

számológép
calculadora

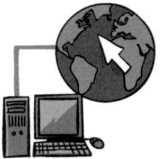

internet
internet

laptop

portátil

levél

carta

üzenet

mensaje

mobiltelefon

móvil

hálózat

red

fénymásoló

fotocopiadora

szoftver

software

telefon

teléfono

konnektor

toma de corriente

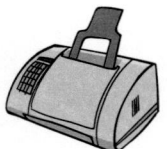

faxgép

fax

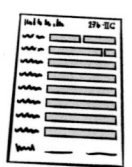

formanyomtatvány

formulario

dokumentum

documento

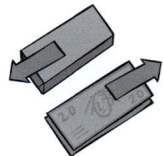

venni

comprar

fizetni

pagar

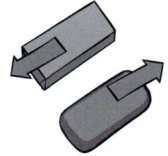

kereskedni

comerciar

pénz

dinero

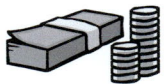

dollár

dólar

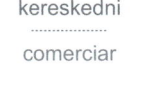

euró

euro

jen

yen

rubel

rublo

svájci frank

franco suizo

kínai jüan

renminbi yuan

rúpia

rupia

bankautomata

cajero automático

valutaváltó iroda

oficina de cambio de divisas

arany

oro

ezüst

plata

olaj

petróleo

energia

energía

ár

precio

szerződés

contrato

adó

impuesto

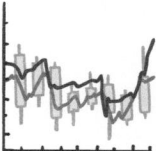

részvény

acción

dolgozni

trabajar

munkavállaló

empleado

munkaadó

empleador

gyár

fábrica

üzlet

tienda

foglalkozások
oficios

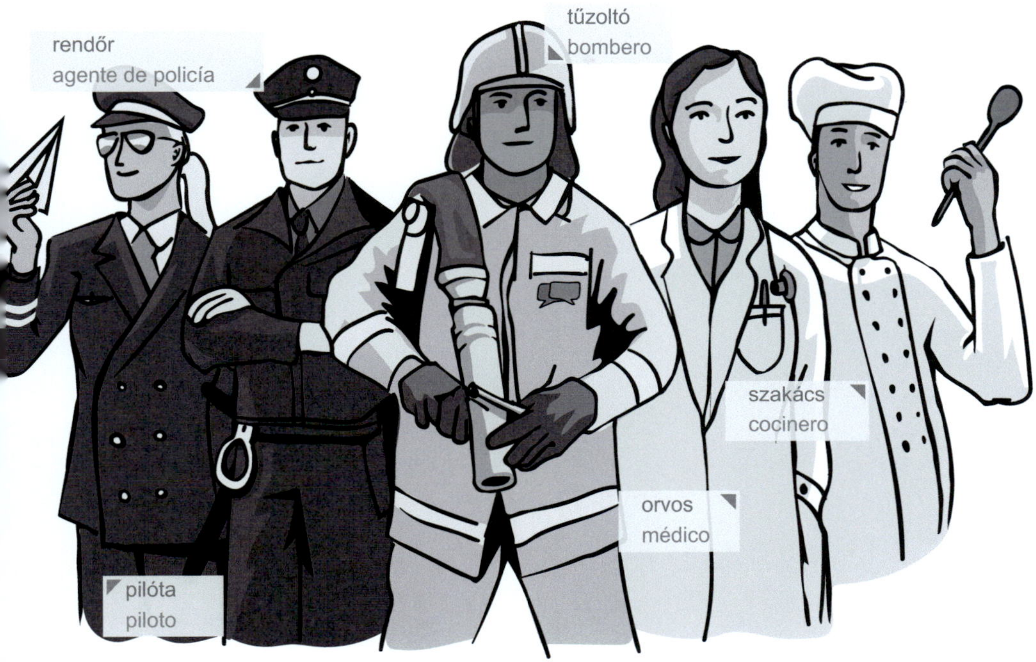
tűzoltó
bombero
rendőr
agente de policía
szakács
cocinero
orvos
médico
pilóta
piloto

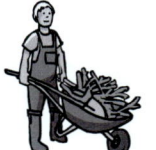

kertész

jardinero

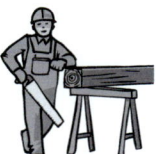

kárpitos

carpintero

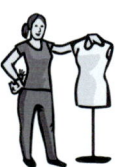

varrónő

costurera

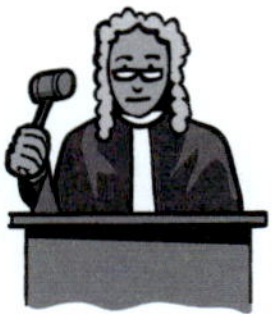

bíró

juez

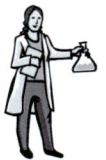

vegyész

farmacéutico

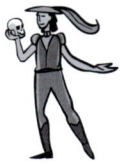

színész

actor

buszsofőr

conductor de autobús

taxisofőr

taxista

halász

pescador

bejárónő

señora de la limpieza

tetőfedő

techador

pincér

camarero

vadász

cazador

festő

pintor

pék

panadero

villanyszerelő

electricista

építőmunkás

obrero

mérnök

ingeniero

hentes

carnicero

vízvezeték-szerelő

fontanero

postás

cartero

katona

soldado

építész

arquitecto

eladó

cajero

virágos

florista

fodrász

peluquero

kalauz

revisor

műszerész

mecánico

kapitány

capitán

fogorvos

dentista

tudós

científico

rabbi

rabino

imám

imán

szerzetes

monje

lelkész

sacerdote

szerszámok
herramientas

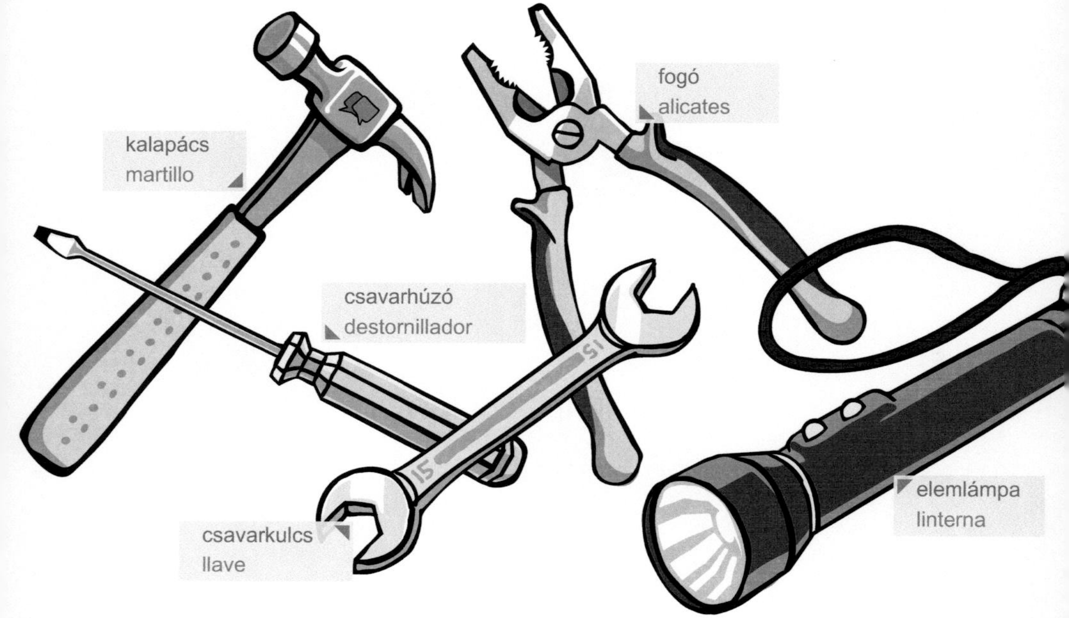

kalapács
martillo
fogó
alicates
csavarhúzó
destornillador
csavarkulcs
llave
elemlámpa
linterna

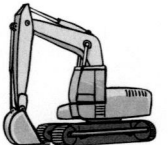

markológép

excavadora

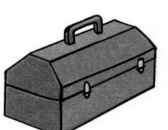

szerszámosláda

caja de herramientas

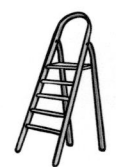

vödör

escalera de mano

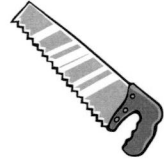

fűrész

sierra

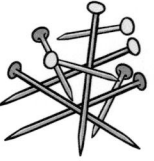

szög

clavos

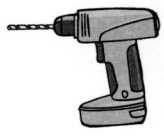

fúrógép

taladro

megjavítani

reparar

lapát

pala

A francba!

¡Maldita sea!

szemétlapát

recogedor

festékesdoboz

bote de pintura

csavar

tornillos

hangszerek

instrumentos musicales

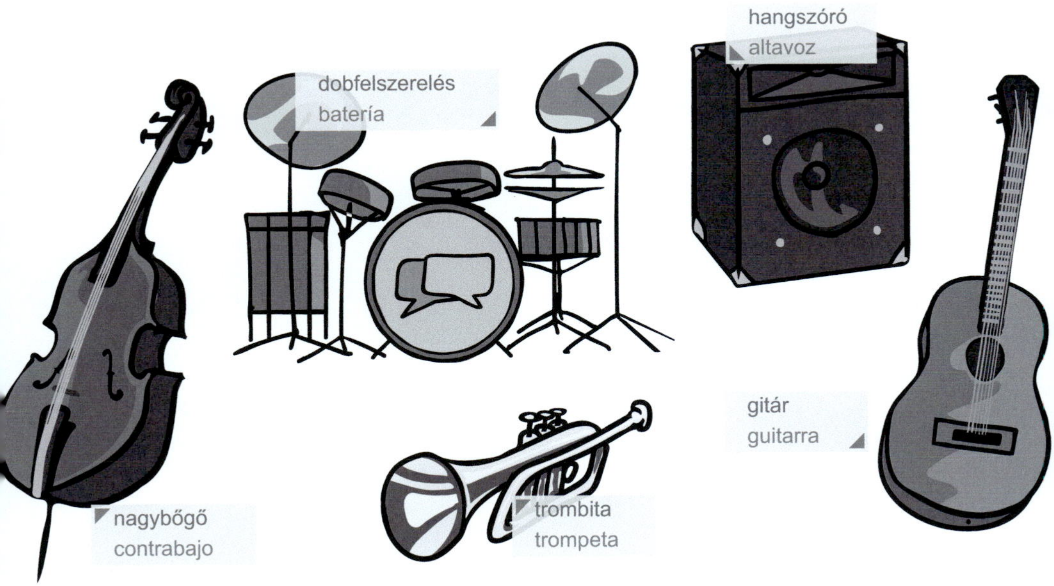

dobfelszerelés
batería

hangszóró
altavoz

gitár
guitarra

nagybőgő
contrabajo

trombita
trompeta

zongora

piano

hegedű

violín

basszusgitár

bajo

üstdob

timbales

dobok

tambor

digitális zongora

teclado

szaxofon

saxofón

fuvola

flauta

mikrofon

micrófono

hangszerek - instrumentos musicales

állatkert

zoo

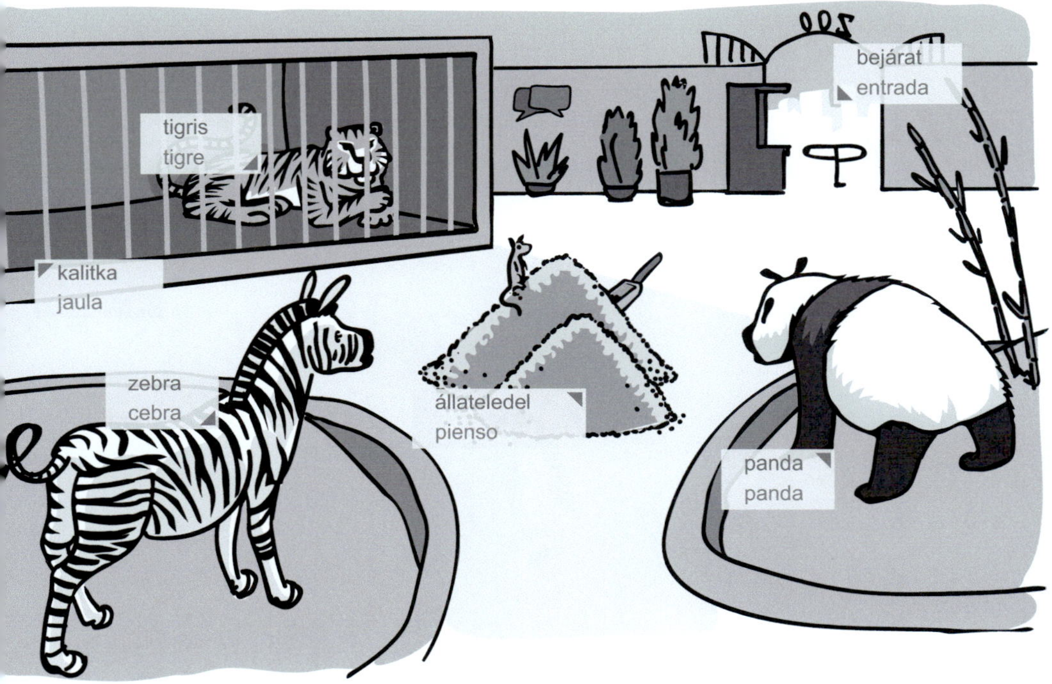

tigris
tigre
kalitka
jaula
zebra
cebra
állateledel
pienso
bejárat
entrada
panda
panda

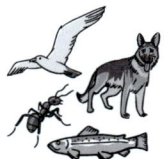

állatok

animales

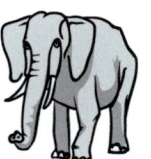

elefánt

elefante

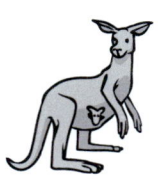

kenguru

canguro

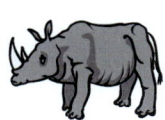

orrszarvú

rinoceronte

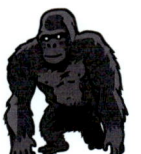

gorilla

gorila

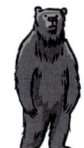

medve

oso

teve

camello

strucc

avestruz

oroszlán

león

majom

mono

flamingó

flamingo

papagáj

loro

jegesmedve

oso polar

pingvin

pingüino

cápa

tiburón

páva

pavo real

kígyó

serpiente

krokodil

cocodrilo

állatgondozó

guardián de zoológico

fóka

foca

jaguár

jaguar

póniló
poni

leopárd
leopardo

víziló
hipopótamo

zsiráf
jirafa

sas
águila

vaddisznó
jabalí

hal
pescado

teknős
tortuga

rozmár
morsa

róka
zorro

gazella
gacela

amerikai futball
fútbol americano

kerékpározás
ciclismo

tenisz
tenis

kosárlabda
baloncesto

úszás
natación

jégkorong
hockey sobre hielo

boksz
boxeo

futball
fútbol

tollas
bádminton

atlétika
atletismo

kézilabda
balonmano

síelés
esquí

lovaspóló
polo

tevékenységek
actividades

nevetni
reír
ugrani
saltar
ölelni
abrazar
sétálni
caminar
énekelni
cantar
álmodni
soñar
dicsérni
rezar
csókolni
besar

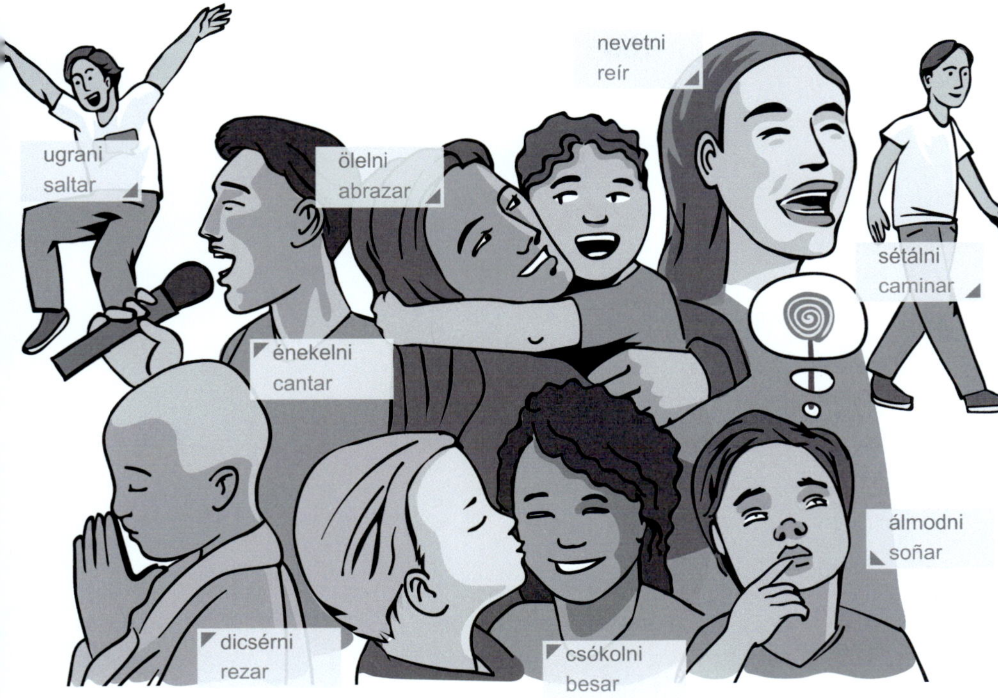

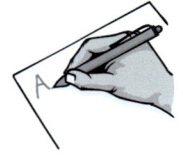

írni

escribir

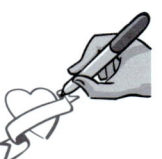

rajzolni

dibujar

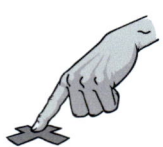

mutatni

mostrar

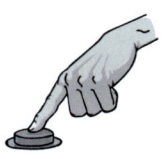

tolni

empujar

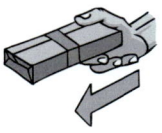

adni

dar

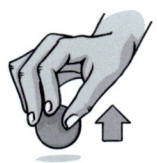

vinni

tomar

birtokolni

tener

csinálni

hacer

lenni

ser

állni

estar de pie

futni

correr

húzni

tirar

hajít

tirar

esni

caer

hazudni

yacer

várni

esperar

vinni

llevar

ülni

estar sentado

felvenni

vestirse

aludni

dormir

felébredni

despertar

ránézni

mirar

sírni

llorar

simogat

acariciar

fésülni

peinar

beszélni

hablar

megérteni

entender

kérdezni

preguntar

hallgatni

escuchar

inni

beber

enni

comer

takarítani

ordenar

szeretni

amar

főzni

cocinar

vezetni

conducir

szállni

volar

vitorlázni

navegar

számol

calcular

olvasni

leer

tanulni

aprender

dolgozni

trabajar

házasodni

casarse

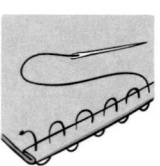

varrni

coser

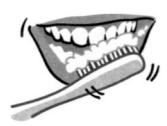

fogat mosni

cepillarse los dientes

ölni

matar

dohányozni

fumar

küldeni

enviar

család
familia

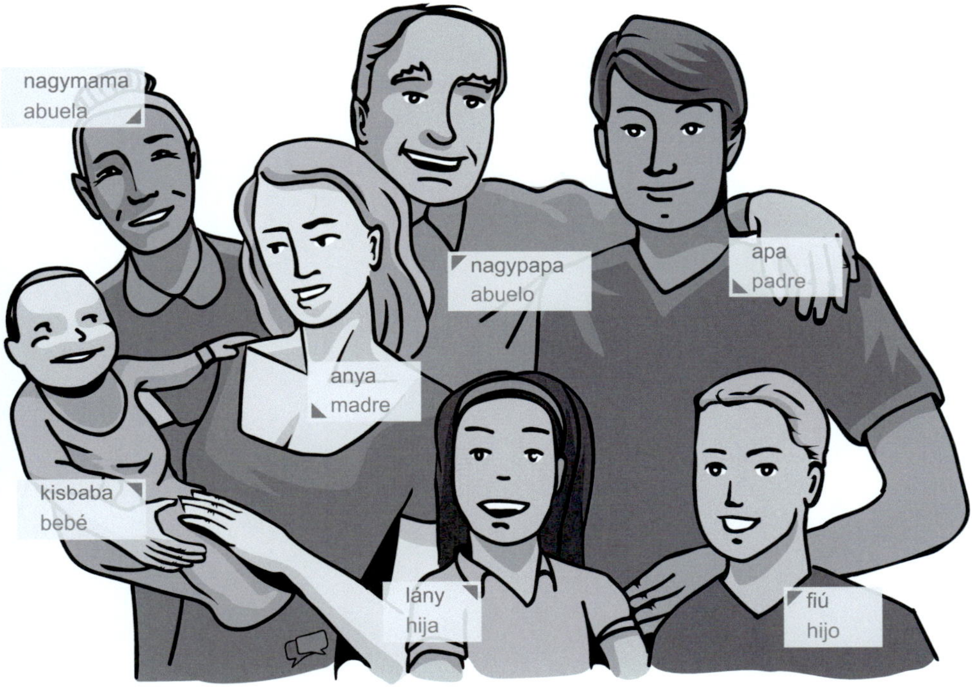
nagymama
abuela
nagypapa
abuelo
apa
padre
anya
madre
kisbaba
bebé
lány
hija
fiú
hijo

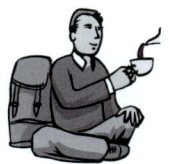

vendég

invitado

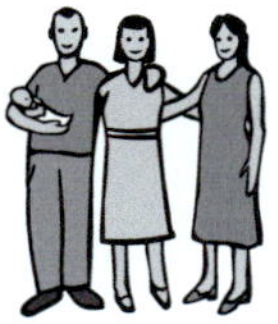

nagynéni

tía

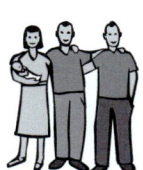

nagybácsi

tío

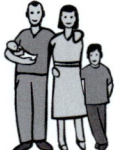

fiútestvér

hermano

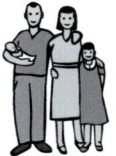

lánytestvér

hermana

test

cuerpo

homlok
frente
szem
ojo
arc
cara
áll
barbilla
ujj
dedo
kéz
mano
mell
pecho
kar
brazo
váll
hombro
láb
pierna

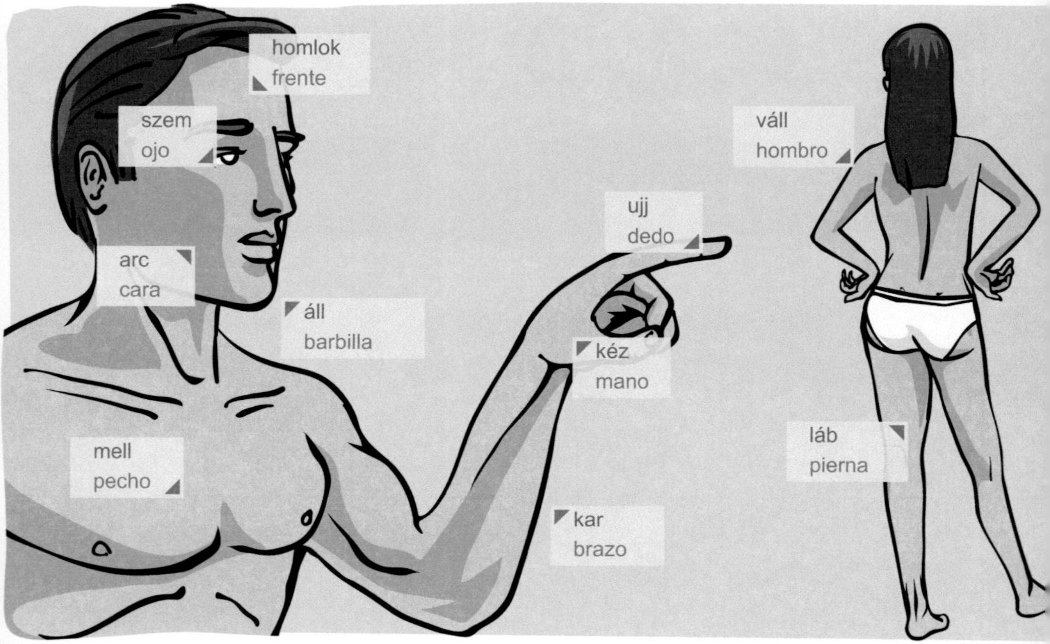

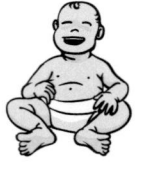

kisbaba

bebé

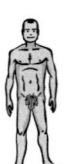

ember

hombre

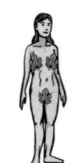

nő

mujer

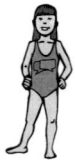

lány

chica

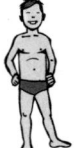

fiú

chico

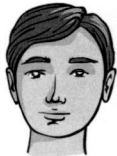

fej

cabeza

hát

espalda

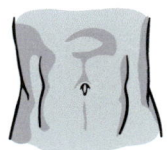

has

vientre

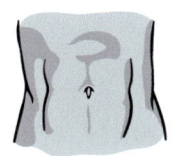

köldök

ombligo

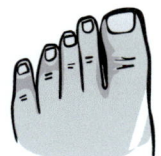

lábujj

dedo del pie

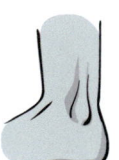

sarok

talón

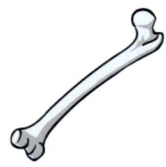

csont

hueso

csípő

cadera

térd

rodilla

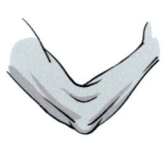

könyök

codo

orr

nariz

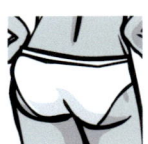

fenék

trasero

bőr

piel

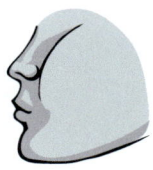

orca

mejilla

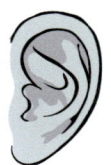

fül

oído

ajak

labio

száj

boca

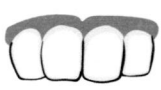

fog

diente

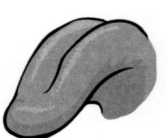

nyelv

lengua

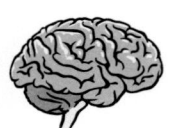

agy

cerebro

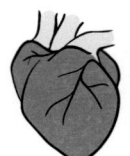

szív

corazón

izom

músculo

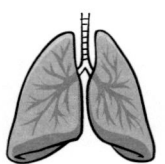

tüdő

pulmón

máj

hígado

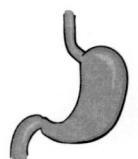

gyomor

estómago

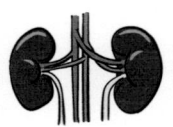

vese

riñones

szex

sexo

kondom

condón

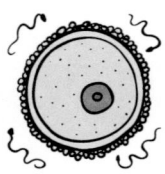

petesejt

ovario

sperma

semen

terhesség

embarazo

test - cuerpo

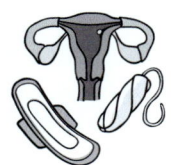

menstruáció

menstruación

vagina

vagina

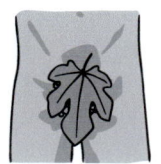

pénisz

pene

szemöldök

ceja

haj

pelo

nyak

cuello

kórház

hospital

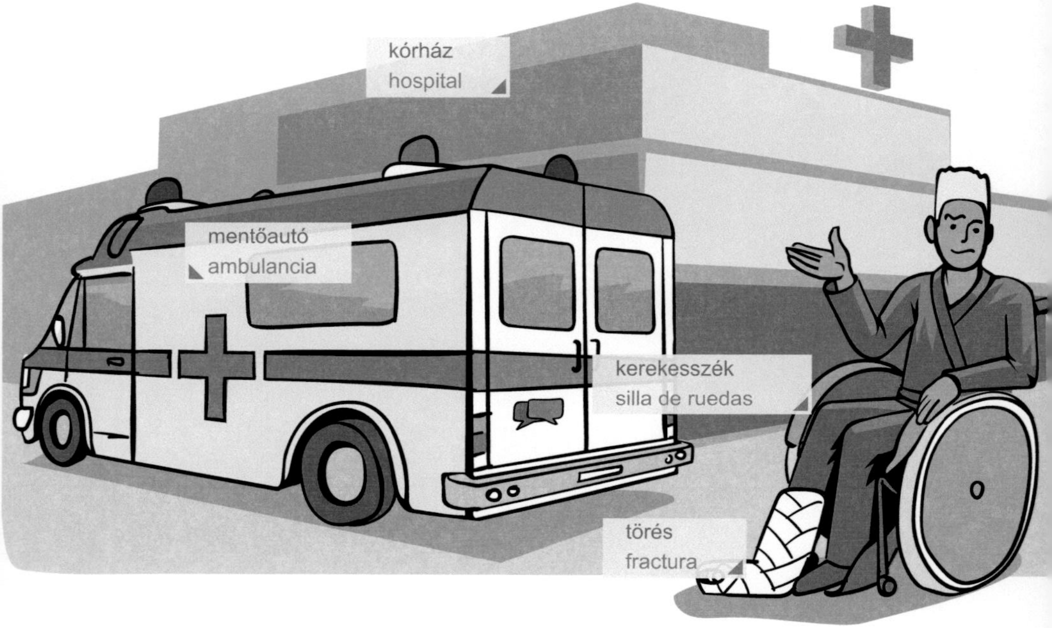

kórház
hospital
mentőautó
ambulancia
kerekesszék
silla de ruedas
törés
fractura

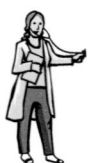

orvos

médico

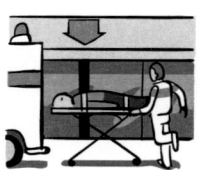

sürgősségi osztály

sala de urgencias

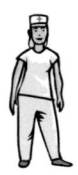

ápoló

enfermera

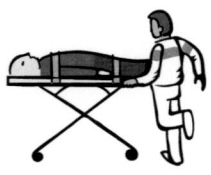

vészhelyzet

urgencia

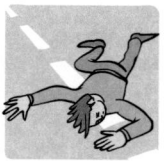

eszméletlen

inconsciente

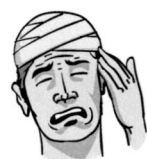

fájdalom

dolor

sérülés

lesión

vérzés

hemorragia

szívroham

infarto

szélütés

ictus

allergia

alergia

köhögés

tos

láz

fiebre

influenza

gripe

hasmenés

diarrea

fejfájás

dolor de cabeza

rák

cáncer

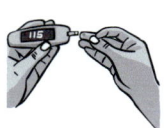

cukorbetegség

diabetes

sebész

cirujano

szike

bisturí

műtét

operación

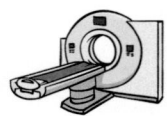

CT

TAC

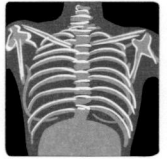

röntgen

rayos x

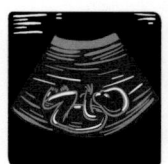

ultrahang

ultrasonido

arcmaszk

mascarilla

betegség

enfermedad

váróterem

sala de espera

mankó

muleta

sebtapasz

tirita

kötszer

venda

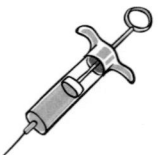

injekció

inyección

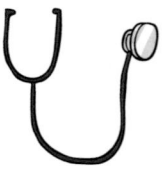

sztetoszkóp

estetoscopio

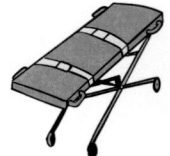

hordágy

camilla

klinikai hőmérő

termómetro

születés

nacimiento

túlsúly

sobrepeso

hallókészülék

audífono

fertőtlenítőszer

desinfectante

fertőzés

infección

vírus

virus

HIV/AIDS

VIH / SIDA

orvosság

medicina

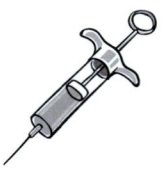

oltás

vacunación

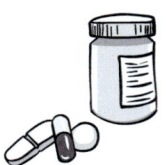

tabletták

tabletas

tabletta

pastilla

sürgősségi hívás

llamada de urgencia

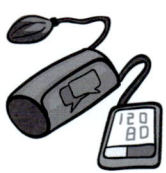

vérnyomásmérő

tensiómetro

betegség / egészség

enfermo / sano

Segítség!

¡Socorro!

riasztás

alarma

rajtaütés

asalto

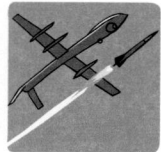

támadás

ataque

veszély

peligro

vészkijárat

salida de emergencia

tűz!

¡Fuego!

tűzoltókészülék

extintor de incendios

baleset

accidente

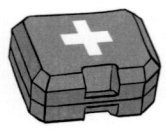

elsősegélycsomag

botiquín de primeros auxilios

SOS

SOS

rendőrség

policía

Európa

Europa

Észak-Amerika

Norteamérica

Dél-Amerika

Sudamérica

Afrika

África

Ázsia

Asia

Ausztrália

Australia

Atlanti-óceán

Atlántico

Csendes-óceán

Pacífico

Indiai-óceán

Océano Índico

Déli-óceán

Océano Antártico

Jeges-tenger

Océano Ártico

Északi-sark

polo norte

Déli-sark

polo sur

Antarktisz

Antártida

föld

tierra

szárazföld

tierra

tenger

mar

sziget

isla

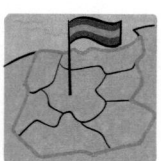

nemzet

nación

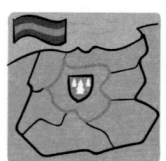

állam

estado

számlap
esfera

kismutató
manecilla de las horas

nagymutató
minutero

másodpercmutató
segundero

Mennyi az idő?
¿Qué hora es?

nap
día

idő
tiempo

most
ahora

digitális óra
reloj digital

perc
minuto

óra
hora

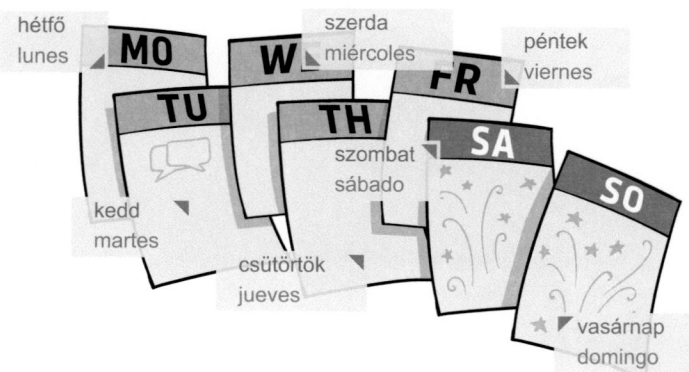

hétfő
lunes

szerda
miércoles

péntek
viernes

kedd
martes

szombat
sábado

csütörtök
jueves

vasárnap
domingo

tegnap

ayer

ma

hoy

holnap

mañana

reggel

mañana

dél

mediodía

este

tarde

MO	TU	WE	TH	FR	SA	SU
1	2	3	4	5	6	7
8	9	10	11	12	13	14
15	16	17	18	19	20	21
22	23	24	25	26	27	28
29	30	31	1	2	3	4

hétköznap

días laborables

MO	TU	WE	TH	FR	SA	SU
1	2	3	4	5	6	7
8	9	10	11	12	13	14
15	16	17	18	19	20	21
22	23	24	25	26	27	28
29	30	31	1	2	3	4

hétvége

fin de semana

eső
lluvia

szivárvány
arcoíris

szél
viento

hó
nieve

tavasz
primavera

ősz
otoño

nyár
verano

tél
invierno

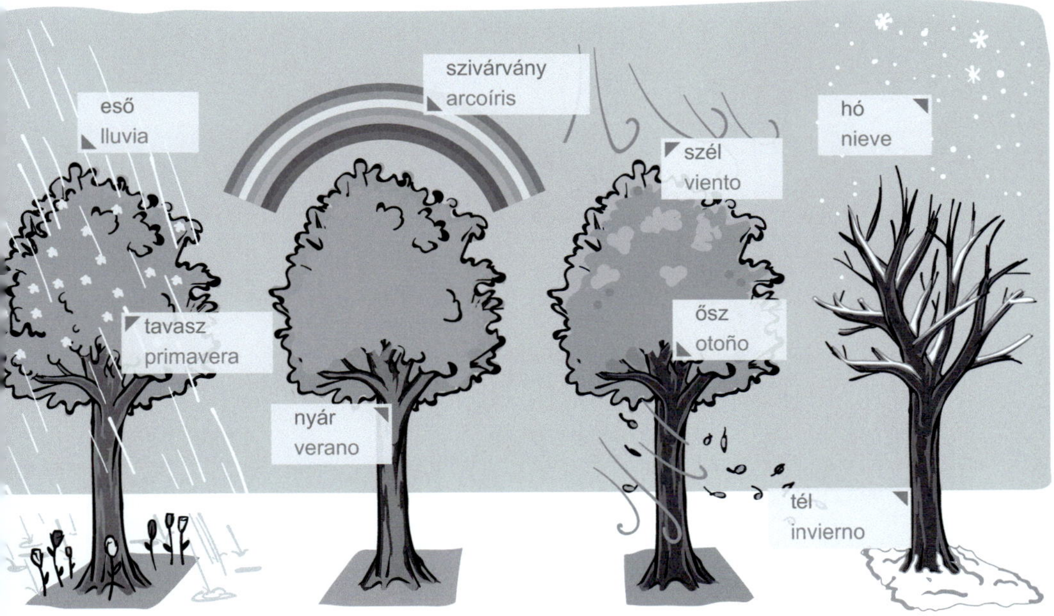

időjárás előrejelzés

pronóstico del tiempo

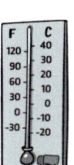

hőmérő

termómetro

napsütés

sol

felhő

nube

köd

niebla

páratartalom

humedad

villámlás

rayo

mennydörgés

trueno

vihar

tormenta

jégeső

granizo

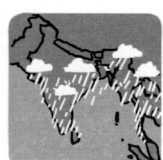

monszun

monzón

áradás

inundación

jég

hielo

január

enero

február

febrero

március

marzo

április

abril

május

mayo

június

junio

július

julio

augusztus

agosto

szeptember

septiembre

október

octubre

november

noviembre

december

diciembre

alakzatok
formas

kör

círculo

négyzet

cuadrado

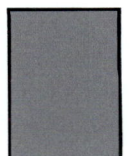

téglalap

rectángulo

háromszög

triángulo

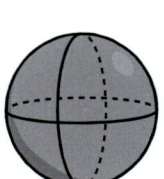

gömb

esfera

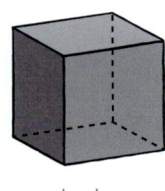

kocka

cubo

fehér

blanco

sárga

amarillo

narancs

anaranjado

rózsaszín

rosa

piros

rojo

lila

morado

kék

azul

zöld

verde

barna

marrón

szürke

gris

fekete

negro

sok / kevés

mucho / poco

mérges / nyugodt

enojado / tranquilo

szép / csúnya

bonito / feo

kezdet / vég

principio / fin

nagy / kicsi

grande / pequeño

világos / sötét

claro / oscuro

fivér / nővér

hermano / hermana

tiszta / koszos

limpio / sucio

teljes / nem teljes

completo / incompleto

nappal / éjszaka

día / noche

halott / élő

muerto / vivo

széles / keskeny

ancho / estrecho

ehető / nem ehető

comestible / no comestible

gonosz / kedves

malo / amable

izgatott / unott

entusiasmado / aburrido

kövér / vékony

gordo / delgado

első / utolsó

primero / último

barát / ellenség

amigo / enemigo

teli / üres

lleno / vacío

kemény / puha

duro / blando

nehéz / könnyű

pesado / ligero

éhség / szomjúság

hambre / sed

betegség / egészség

enfermo / sano

illegális / legális

ilegal / legal

intelligens / buta

inteligente / tonto

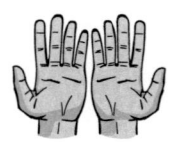

bal / jobb

izquierda / derecha

közel / távol

cerca / lejos

új / használt

nuevo / usado

semmi / valami

nada / algo

idős / fiatal

viejo / joven

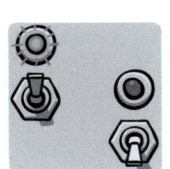

be / ki

encendido / apagado

nyitva / zárva

abierto / cerrado

csendes / hangos

silencioso / ruidoso

gazdag / szegény

rico / pobre

helyes / helytelen

correcto / incorrecto

érdes / sima

áspero / suave

szomorú / vidám

triste / contento

rövid / hosszú

corto / largo

lassú / gyors

lento / rápido

nedves / száraz

húmedo / seco

meleg / hideg

cálido / frío

háború / béke

guerra / paz

0	**1**	**2**
nulla	egy	kettő
cero	uno	dos

3	**4**	**5**
három	négy	öt
tres	cuatro	cinco

6	**7**	**8**
hat	hét	nyolc
seis	siete	ocho

9	**10**	**11**
kilenc	tíz	tizenegy
nueve	diez	once

12

tizenkettő

doce

13

tizenhárom

trece

14

tizennégy

catorce

15

tizenöt

quince

16

tizenhat

dieciséis

17

tizenhét

diecisiete

18

tizennyolc

dieciocho

19

tizenkilenc

diecinueve

20

húsz

veinte

100

száz

cien

1.000

ezer

mil

1.000.000

millió

millón

angol

inglés

amerikai angol

inglés americano

mandarin kínai

chino mandarín

hindi

hindi

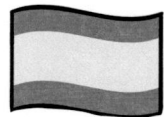

spanyol

español

francia

francés

arab

árabe

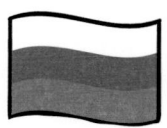

orosz

ruso

portugál

portugués

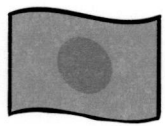

bengáli

bengalí

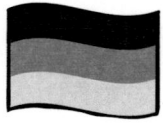

német

alemán

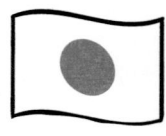

japán

japonés

én
yo

te
tú

ő
él / ella / ello

mi
nosotros/as

ti
vosotros/as

ők
ellos/as

ki?
¿quién?

mi?
¿qué?

hogyan?
¿cómo?

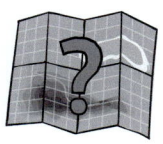

hol?
¿dónde?

mikor?
¿cuándo?

név
nombre

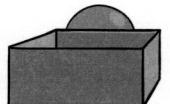

mögött

detrás

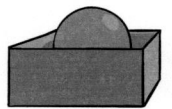

benne

en

előtte

delante de

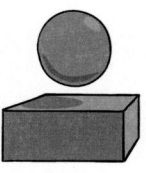

felette

por encima de

rajta

sobre

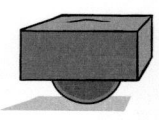

alatta

debajo de

mellett

junto a

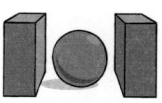

között

entre

hely

lugar